Kleine Miesmuschel

Das Tagebuch für schlechte-Laune-Tage

Die Hafenprinzessin

Dieses Buch gehört:

Name: _____

Vorname: _____

Impressum

© 2021 youneo projects flick und weber GbR

Verantwortlich

Christian Flick / Mathias Weber
youneo projects flick und weber GbR, Poststraße 1, 49326 Melle
info@youneoprojects.de, www.youneoprojects.de

Herstellung und Verlag

BoD - Books on Demand, Norderstedt

Bildquellen

© Vera Serg/shutterstock (Cover), ddok/shutterstock, Martial Red/shutterstock

Hafenprinzessin® ist eine eingetragene Marke der youneo projects flick und weber GbR.

ISBN: 9783752610574

Mein Tag

Welches Datum haben wir heute? _____

Was war heute direkt am frühen Tag richtig schlecht?

_____

Wer hat heute ein düsteres Gesicht gezogen und bestimmt mich gemeint?

_____

War heute wieder jemand besser gekleidet als ich?

_____

Ein Glück ist nun Mittag! Wo ist das Haar in der Suppe?

_____

Jetzt auch noch das, erst die Hälfte vom Tag rum! Wie lange noch?

_____

Nachmittags 15 Uhr. Kaffee zu heiß? Kuchen zu trocken? Typisch, immer ich, oder?

_____

Endspurt! So endlich Feierabend! Was ist denn schon wieder im Verkehr los?

_____

Zuhause angekommen! Licht geht nicht, Birne kaputt! Was noch? Regnet, oder?

_____

Auf zum Sport, also eigentlich! Komm nicht mehr vom Sofa hoch. Wer ist schuld?

_____

Wie war mein heutiger Tag in Schulnoten? ◯ 6   ◯ 5   ◯ 5-   ◯ 6+   ◯ 5+   ◯ 6

Mein Tag

Welches Datum haben wir heute?

Was war heute direkt am frühen Tag richtig schlecht?

Wer hat heute ein düsteres Gesicht gezogen und bestimmt mich gemeint?

War heute wieder jemand besser gekleidet als ich?

Ein Glück ist nun Mittag! Wo ist das Haar in der Suppe?

Jetzt auch noch das, erst die Hälfte vom Tag rum! Wie lange noch?

Nachmittags 15 Uhr. Kaffee zu heiß? Kuchen zu trocken? Typisch, immer ich, oder?

Endspurt! So endlich Feierabend! Was ist denn schon wieder im Verkehr los?

Zuhause angekommen! Licht geht nicht, Birne kaputt! Was noch? Regnet, oder?

Auf zum Sport, also eigentlich! Komm nicht mehr vom Sofa hoch. Wer ist schuld?

Wie war mein heutiger Tag in Schulnoten? ○ 6   ○ 5   ○ 5-   ○ 6+   ○ 5+   ○ 6

Mein Tag

Welches Datum haben wir heute? _____

Was war heute direkt am frühen Tag richtig schlecht?

Wer hat heute ein düsteres Gesicht gezogen und bestimmt mich gemeint?

War heute wieder jemand besser gekleidet als ich?

Ein Glück ist nun Mittag! Wo ist das Haar in der Suppe?

Jetzt auch noch das, erst die Hälfte vom Tag rum! Wie lange noch?

Nachmittags 15 Uhr. Kaffee zu heiß? Kuchen zu trocken? Typisch, immer ich, oder?

Endspurt! So endlich Feierabend! Was ist denn schon wieder im Verkehr los?

Zuhause angekommen! Licht geht nicht, Birne kaputt! Was noch? Regnet, oder?

Auf zum Sport, also eigentlich! Komm nicht mehr vom Sofa hoch. Wer ist schuld?

Wie war mein heutiger Tag in Schulnoten? ○ 6   ○ 5   ○ 5-   ○ 6+   ○ 5+   ○ 6

Mein Tag

Welches Datum haben wir heute? _____

Was war heute direkt am frühen Tag richtig schlecht?

Wer hat heute ein düsteres Gesicht gezogen und bestimmt mich gemeint?

War heute wieder jemand besser gekleidet als ich?

Ein Glück ist nun Mittag! Wo ist das Haar in der Suppe?

Jetzt auch noch das, erst die Hälfte vom Tag rum! Wie lange noch?

Nachmittags 15 Uhr. Kaffee zu heiß? Kuchen zu trocken? Typisch, immer ich, oder?

Endspurt! So endlich Feierabend! Was ist denn schon wieder im Verkehr los?

Zuhause angekommen! Licht geht nicht, Birne kaputt! Was noch? Regnet, oder?

Auf zum Sport, also eigentlich! Komm nicht mehr vom Sofa hoch. Wer ist schuld?

Wie war mein heutiger Tag in Schulnoten? ○ 6 ○ 5 ○ 5- ○ 6+ ○ 5+ ○ 6

Mein Tag

Welches Datum haben wir heute? _____

Was war heute direkt am frühen Tag richtig schlecht?

Wer hat heute ein düsteres Gesicht gezogen und bestimmt mich gemeint?

War heute wieder jemand besser gekleidet als ich?

Ein Glück ist nun Mittag! Wo ist das Haar in der Suppe?

Jetzt auch noch das, erst die Hälfte vom Tag rum! Wie lange noch?

Nachmittags 15 Uhr. Kaffee zu heiß? Kuchen zu trocken? Typisch, immer ich, oder?

Endspurt! So endlich Feierabend! Was ist denn schon wieder im Verkehr los?

Zuhause angekommen! Licht geht nicht, Birne kaputt! Was noch? Regnet, oder?

Auf zum Sport, also eigentlich! Komm nicht mehr vom Sofa hoch. Wer ist schuld?

Wie war mein heutiger Tag in Schulnoten? ○ 6   ○ 5   ○ 5-   ○ 6+   ○ 5+   ○ 6

Mein Tag

Welches Datum haben wir heute?

Was war heute direkt am frühen Tag richtig schlecht?

Wer hat heute ein düsteres Gesicht gezogen und bestimmt mich gemeint?

War heute wieder jemand besser gekleidet als ich?

Ein Glück ist nun Mittag! Wo ist das Haar in der Suppe?

Jetzt auch noch das, erst die Hälfte vom Tag rum! Wie lange noch?

Nachmittags 15 Uhr. Kaffee zu heiß? Kuchen zu trocken? Typisch, immer ich, oder?

Endspurt! So endlich Feierabend! Was ist denn schon wieder im Verkehr los?

Zuhause angekommen! Licht geht nicht, Birne kaputt! Was noch? Regnet, oder?

Auf zum Sport, also eigentlich! Komm nicht mehr vom Sofa hoch. Wer ist schuld?

Wie war mein heutiger Tag in Schulnoten? ○ 6   ○ 5   ○ 5-   ○ 6+   ○ 5+   ○ 6

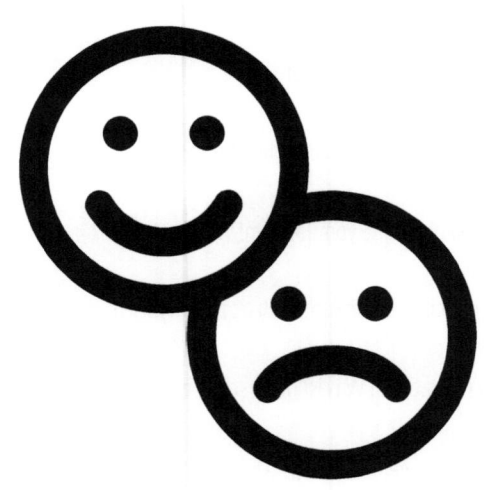

Mein Tag

Welches Datum haben wir heute? _____

Was war heute direkt am frühen Tag richtig schlecht?

Wer hat heute ein düsteres Gesicht gezogen und bestimmt mich gemeint?

War heute wieder jemand besser gekleidet als ich?

Ein Glück ist nun Mittag! Wo ist das Haar in der Suppe?

Jetzt auch noch das, erst die Hälfte vom Tag rum! Wie lange noch?

Nachmittags 15 Uhr. Kaffee zu heiß? Kuchen zu trocken? Typisch, immer ich, oder?

Endspurt! So endlich Feierabend! Was ist denn schon wieder im Verkehr los?

Zuhause angekommen! Licht geht nicht, Birne kaputt! Was noch? Regnet, oder?

Auf zum Sport, also eigentlich! Komm nicht mehr vom Sofa hoch. Wer ist schuld?

Wie war mein heutiger Tag in Schulnoten? ○ 6   ○ 5   ○ 5-   ○ 6+   ○ 5+   ○ 6

Mein Tag

Welches Datum haben wir heute?

Was war heute direkt am frühen Tag richtig schlecht?

Wer hat heute ein düsteres Gesicht gezogen und bestimmt mich gemeint?

War heute wieder jemand besser gekleidet als ich?

Ein Glück ist nun Mittag! Wo ist das Haar in der Suppe?

Jetzt auch noch das, erst die Hälfte vom Tag rum! Wie lange noch?

Nachmittags 15 Uhr. Kaffee zu heiß? Kuchen zu trocken? Typisch, immer ich, oder?

Endspurt! So endlich Feierabend! Was ist denn schon wieder im Verkehr los?

Zuhause angekommen! Licht geht nicht, Birne kaputt! Was noch? Regnet, oder?

Auf zum Sport, also eigentlich! Komm nicht mehr vom Sofa hoch. Wer ist schuld?

Wie war mein heutiger Tag in Schulnoten? ○ 6 ○ 5 ○ 5- ○ 6+ ○ 5+ ○ 6

Mein Tag

Welches Datum haben wir heute? _____

Was war heute direkt am frühen Tag richtig schlecht?

_____

Wer hat heute ein düsteres Gesicht gezogen und bestimmt mich gemeint?

_____

War heute wieder jemand besser gekleidet als ich?

_____

Ein Glück ist nun Mittag! Wo ist das Haar in der Suppe?

_____

Jetzt auch noch das, erst die Hälfte vom Tag rum! Wie lange noch?

_____

Nachmittags 15 Uhr. Kaffee zu heiß? Kuchen zu trocken? Typisch, immer ich, oder?

_____

Endspurt! So endlich Feierabend! Was ist denn schon wieder im Verkehr los?

_____

Zuhause angekommen! Licht geht nicht, Birne kaputt! Was noch? Regnet, oder?

_____

Auf zum Sport, also eigentlich! Komm nicht mehr vom Sofa hoch. Wer ist schuld?

_____

Wie war mein heutiger Tag in Schulnoten? ○ 6   ○ 5   ○ 5-   ○ 6+   ○ 5+   ○ 6

Mein Tag

Welches Datum haben wir heute? _____

Was war heute direkt am frühen Tag richtig schlecht?

Wer hat heute ein düsteres Gesicht gezogen und bestimmt mich gemeint?

War heute wieder jemand besser gekleidet als ich?

Ein Glück ist nun Mittag! Wo ist das Haar in der Suppe?

Jetzt auch noch das, erst die Hälfte vom Tag rum! Wie lange noch?

Nachmittags 15 Uhr. Kaffee zu heiß? Kuchen zu trocken? Typisch, immer ich, oder?

Endspurt! So endlich Feierabend! Was ist denn schon wieder im Verkehr los?

Zuhause angekommen! Licht geht nicht, Birne kaputt! Was noch? Regnet, oder?

Auf zum Sport, also eigentlich! Komm nicht mehr vom Sofa hoch. Wer ist schuld?

Wie war mein heutiger Tag in Schulnoten? ○ 6   ○ 5   ○ 5-   ○ 6+   ○ 5+   ○ 6

Mein Tag

Welches Datum haben wir heute? ....

Was war heute direkt am frühen Tag richtig schlecht?

....

Wer hat heute ein düsteres Gesicht gezogen und bestimmt mich gemeint?

....

War heute wieder jemand besser gekleidet als ich?

....

Ein Glück ist nun Mittag! Wo ist das Haar in der Suppe?

....

Jetzt auch noch das, erst die Hälfte vom Tag rum! Wie lange noch?

....

Nachmittags 15 Uhr. Kaffee zu heiß? Kuchen zu trocken? Typisch, immer ich, oder?

....

Endspurt! So endlich Feierabend! Was ist denn schon wieder im Verkehr los?

....

Zuhause angekommen! Licht geht nicht, Birne kaputt! Was noch? Regnet, oder?

....

Auf zum Sport, also eigentlich! Komm nicht mehr vom Sofa hoch. Wer ist schuld?

....

Wie war mein heutiger Tag in Schulnoten?   ◯ 6   ◯ 5   ◯ 5-   ◯ 6+   ◯ 5+   ◯ 6

Mein Tag

Welches Datum haben wir heute? _____

Was war heute direkt am frühen Tag richtig schlecht?

Wer hat heute ein düsteres Gesicht gezogen und bestimmt mich gemeint?

War heute wieder jemand besser gekleidet als ich?

Ein Glück ist nun Mittag! Wo ist das Haar in der Suppe?

Jetzt auch noch das, erst die Hälfte vom Tag rum! Wie lange noch?

Nachmittags 15 Uhr. Kaffee zu heiß? Kuchen zu trocken? Typisch, immer ich, oder?

Endspurt! So endlich Feierabend! Was ist denn schon wieder im Verkehr los?

Zuhause angekommen! Licht geht nicht, Birne kaputt! Was noch? Regnet, oder?

Auf zum Sport, also eigentlich! Komm nicht mehr vom Sofa hoch. Wer ist schuld?

Wie war mein heutiger Tag in Schulnoten? ○ 6   ○ 5   ○ 5-   ○ 6+   ○ 5+   ○ 6

Mein Tag

Welches Datum haben wir heute?

Was war heute direkt am frühen Tag richtig schlecht?

Wer hat heute ein düsteres Gesicht gezogen und bestimmt mich gemeint?

War heute wieder jemand besser gekleidet als ich?

Ein Glück ist nun Mittag! Wo ist das Haar in der Suppe?

Jetzt auch noch das, erst die Hälfte vom Tag rum! Wie lange noch?

Nachmittags 15 Uhr. Kaffee zu heiß? Kuchen zu trocken? Typisch, immer ich, oder?

Endspurt! So endlich Feierabend! Was ist denn schon wieder im Verkehr los?

Zuhause angekommen! Licht geht nicht, Birne kaputt! Was noch? Regnet, oder?

Auf zum Sport, also eigentlich! Komm nicht mehr vom Sofa hoch. Wer ist schuld?

Wie war mein heutiger Tag in Schulnoten? ○ 6   ○ 5   ○ 5-   ○ 6+   ○ 5+   ○ 6

Mein Tag

Welches Datum haben wir heute? _____

Was war heute direkt am frühen Tag richtig schlecht?

Wer hat heute ein düsteres Gesicht gezogen und bestimmt mich gemeint?

War heute wieder jemand besser gekleidet als ich?

Ein Glück ist nun Mittag! Wo ist das Haar in der Suppe?

Jetzt auch noch das, erst die Hälfte vom Tag rum! Wie lange noch?

Nachmittags 15 Uhr. Kaffee zu heiß? Kuchen zu trocken? Typisch, immer ich, oder?

Endspurt! So endlich Feierabend! Was ist denn schon wieder im Verkehr los?

Zuhause angekommen! Licht geht nicht, Birne kaputt! Was noch? Regnet, oder?

Auf zum Sport, also eigentlich! Komm nicht mehr vom Sofa hoch. Wer ist schuld?

Wie war mein heutiger Tag in Schulnoten? ○ 6 ○ 5 ○ 5- ○ 6+ ○ 5+ ○ 6

Mein Tag

Welches Datum haben wir heute? _____

Was war heute direkt am frühen Tag richtig schlecht?

Wer hat heute ein düsteres Gesicht gezogen und bestimmt mich gemeint?

War heute wieder jemand besser gekleidet als ich?

Ein Glück ist nun Mittag! Wo ist das Haar in der Suppe?

Jetzt auch noch das, erst die Hälfte vom Tag rum! Wie lange noch?

Nachmittags 15 Uhr. Kaffee zu heiß? Kuchen zu trocken? Typisch, immer ich, oder?

Endspurt! So endlich Feierabend! Was ist denn schon wieder im Verkehr los?

Zuhause angekommen! Licht geht nicht, Birne kaputt! Was noch? Regnet, oder?

Auf zum Sport, also eigentlich! Komm nicht mehr vom Sofa hoch. Wer ist schuld?

Wie war mein heutiger Tag in Schulnoten? ○ 6   ○ 5   ○ 5-   ○ 6+   ○ 5+   ○ 6

Mein Tag

Welches Datum haben wir heute? _____

Was war heute direkt am frühen Tag richtig schlecht?

Wer hat heute ein düsteres Gesicht gezogen und bestimmt mich gemeint?

War heute wieder jemand besser gekleidet als ich?

Ein Glück ist nun Mittag! Wo ist das Haar in der Suppe?

Jetzt auch noch das, erst die Hälfte vom Tag rum! Wie lange noch?

Nachmittags 15 Uhr. Kaffee zu heiß? Kuchen zu trocken? Typisch, immer ich, oder?

Endspurt! So endlich Feierabend! Was ist denn schon wieder im Verkehr los?

Zuhause angekommen! Licht geht nicht, Birne kaputt! Was noch? Regnet, oder?

Auf zum Sport, also eigentlich! Komm nicht mehr vom Sofa hoch. Wer ist schuld?

Wie war mein heutiger Tag in Schulnoten? ○ 6   ○ 5   ○ 5-   ○ 6+   ○ 5+   ○ 6

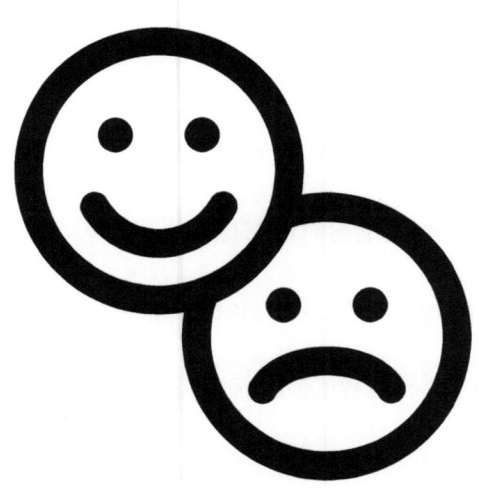

Mein Tag

Welches Datum haben wir heute? _____

Was war heute direkt am frühen Tag richtig schlecht?

Wer hat heute ein düsteres Gesicht gezogen und bestimmt mich gemeint?

War heute wieder jemand besser gekleidet als ich?

Ein Glück ist nun Mittag! Wo ist das Haar in der Suppe?

Jetzt auch noch das, erst die Hälfte vom Tag rum! Wie lange noch?

Nachmittags 15 Uhr. Kaffee zu heiß? Kuchen zu trocken? Typisch, immer ich, oder?

Endspurt! So endlich Feierabend! Was ist denn schon wieder im Verkehr los?

Zuhause angekommen! Licht geht nicht, Birne kaputt! Was noch? Regnet, oder?

Auf zum Sport, also eigentlich! Komm nicht mehr vom Sofa hoch. Wer ist schuld?

Wie war mein heutiger Tag in Schulnoten?   ○ 6   ○ 5   ○ 5-   ○ 6+   ○ 5+   ○ 6

Mein Tag

Welches Datum haben wir heute? _____

Was war heute direkt am frühen Tag richtig schlecht?

_____

Wer hat heute ein düsteres Gesicht gezogen und bestimmt mich gemeint?

_____

War heute wieder jemand besser gekleidet als ich?

_____

Ein Glück ist nun Mittag! Wo ist das Haar in der Suppe?

_____

Jetzt auch noch das, erst die Hälfte vom Tag rum! Wie lange noch?

_____

Nachmittags 15 Uhr. Kaffee zu heiß? Kuchen zu trocken? Typisch, immer ich, oder?

_____

Endspurt! So endlich Feierabend! Was ist denn schon wieder im Verkehr los?

_____

Zuhause angekommen! Licht geht nicht, Birne kaputt! Was noch? Regnet, oder?

_____

Auf zum Sport, also eigentlich! Komm nicht mehr vom Sofa hoch. Wer ist schuld?

_____

Wie war mein heutiger Tag in Schulnoten? ◯ 6 ◯ 5 ◯ 5- ◯ 6+ ◯ 5+ ◯ 6

Mein Tag

Welches Datum haben wir heute? _____

Was war heute direkt am frühen Tag richtig schlecht?

Wer hat heute ein düsteres Gesicht gezogen und bestimmt mich gemeint?

War heute wieder jemand besser gekleidet als ich?

Ein Glück ist nun Mittag! Wo ist das Haar in der Suppe?

Jetzt auch noch das, erst die Hälfte vom Tag rum! Wie lange noch?

Nachmittags 15 Uhr. Kaffee zu heiß? Kuchen zu trocken? Typisch, immer ich, oder?

Endspurt! So endlich Feierabend! Was ist denn schon wieder im Verkehr los?

Zuhause angekommen! Licht geht nicht, Birne kaputt! Was noch? Regnet, oder?

Auf zum Sport, also eigentlich! Komm nicht mehr vom Sofa hoch. Wer ist schuld?

Wie war mein heutiger Tag in Schulnoten? ◯ 6   ◯ 5   ◯ 5-   ◯ 6+   ◯ 5+   ◯ 6

Mein Tag

Welches Datum haben wir heute? _____

Was war heute direkt am frühen Tag richtig schlecht?

_____

Wer hat heute ein düsteres Gesicht gezogen und bestimmt mich gemeint?

_____

War heute wieder jemand besser gekleidet als ich?

_____

Ein Glück ist nun Mittag! Wo ist das Haar in der Suppe?

_____

Jetzt auch noch das, erst die Hälfte vom Tag rum! Wie lange noch?

_____

Nachmittags 15 Uhr. Kaffee zu heiß? Kuchen zu trocken? Typisch, immer ich, oder?

_____

Endspurt! So endlich Feierabend! Was ist denn schon wieder im Verkehr los?

_____

Zuhause angekommen! Licht geht nicht, Birne kaputt! Was noch? Regnet, oder?

_____

Auf zum Sport, also eigentlich! Komm nicht mehr vom Sofa hoch. Wer ist schuld?

_____

Wie war mein heutiger Tag in Schulnoten? ○ 6 ○ 5 ○ 5- ○ 6+ ○ 5+ ○ 6

Mein Tag

Welches Datum haben wir heute? _____

Was war heute direkt am frühen Tag richtig schlecht?

_____

Wer hat heute ein düsteres Gesicht gezogen und bestimmt mich gemeint?

_____

War heute wieder jemand besser gekleidet als ich?

_____

Ein Glück ist nun Mittag! Wo ist das Haar in der Suppe?

_____

Jetzt auch noch das, erst die Hälfte vom Tag rum! Wie lange noch?

_____

Nachmittags 15 Uhr. Kaffee zu heiß? Kuchen zu trocken? Typisch, immer ich, oder?

_____

Endspurt! So endlich Feierabend! Was ist denn schon wieder im Verkehr los?

_____

Zuhause angekommen! Licht geht nicht, Birne kaputt! Was noch? Regnet, oder?

_____

Auf zum Sport, also eigentlich! Komm nicht mehr vom Sofa hoch. Wer ist schuld?

_____

Wie war mein heutiger Tag in Schulnoten? ○ 6   ○ 5   ○ 5-   ○ 6+   ○ 5+   ○ 6

Mein Tag

Welches Datum haben wir heute?

Was war heute direkt am frühen Tag richtig schlecht?

Wer hat heute ein düsteres Gesicht gezogen und bestimmt mich gemeint?

War heute wieder jemand besser gekleidet als ich?

Ein Glück ist nun Mittag! Wo ist das Haar in der Suppe?

Jetzt auch noch das, erst die Hälfte vom Tag rum! Wie lange noch?

Nachmittags 15 Uhr. Kaffee zu heiß? Kuchen zu trocken? Typisch, immer ich, oder?

Endspurt! So endlich Feierabend! Was ist denn schon wieder im Verkehr los?

Zuhause angekommen! Licht geht nicht, Birne kaputt! Was noch? Regnet, oder?

Auf zum Sport, also eigentlich! Komm nicht mehr vom Sofa hoch. Wer ist schuld?

Wie war mein heutiger Tag in Schulnoten? ○ 6   ○ 5   ○ 5-   ○ 6+   ○ 5+   ○ 6

Mein Tag

Welches Datum haben wir heute? _____

Was war heute direkt am frühen Tag richtig schlecht?

Wer hat heute ein düsteres Gesicht gezogen und bestimmt mich gemeint?

War heute wieder jemand besser gekleidet als ich?

Ein Glück ist nun Mittag! Wo ist das Haar in der Suppe?

Jetzt auch noch das, erst die Hälfte vom Tag rum! Wie lange noch?

Nachmittags 15 Uhr. Kaffee zu heiß? Kuchen zu trocken? Typisch, immer ich, oder?

Endspurt! So endlich Feierabend! Was ist denn schon wieder im Verkehr los?

Zuhause angekommen! Licht geht nicht, Birne kaputt! Was noch? Regnet, oder?

Auf zum Sport, also eigentlich! Komm nicht mehr vom Sofa hoch. Wer ist schuld?

Wie war mein heutiger Tag in Schulnoten? ○ 6 ○ 5 ○ 5- ○ 6+ ○ 5+ ○ 6

Mein Tag

Welches Datum haben wir heute? _____

Was war heute direkt am frühen Tag richtig schlecht?

Wer hat heute ein düsteres Gesicht gezogen und bestimmt mich gemeint?

War heute wieder jemand besser gekleidet als ich?

Ein Glück ist nun Mittag! Wo ist das Haar in der Suppe?

Jetzt auch noch das, erst die Hälfte vom Tag rum! Wie lange noch?

Nachmittags 15 Uhr. Kaffee zu heiß? Kuchen zu trocken? Typisch, immer ich, oder?

Endspurt! So endlich Feierabend! Was ist denn schon wieder im Verkehr los?

Zuhause angekommen! Licht geht nicht, Birne kaputt! Was noch? Regnet, oder?

Auf zum Sport, also eigentlich! Komm nicht mehr vom Sofa hoch. Wer ist schuld?

Wie war mein heutiger Tag in Schulnoten? ◯ 6 ◯ 5 ◯ 5- ◯ 6+ ◯ 5+ ◯ 6

Mein Tag

Welches Datum haben wir heute? _____

Was war heute direkt am frühen Tag richtig schlecht?

_____

Wer hat heute ein düsteres Gesicht gezogen und bestimmt mich gemeint?

_____

War heute wieder jemand besser gekleidet als ich?

_____

Ein Glück ist nun Mittag! Wo ist das Haar in der Suppe?

_____

Jetzt auch noch das, erst die Hälfte vom Tag rum! Wie lange noch?

_____

Nachmittags 15 Uhr. Kaffee zu heiß? Kuchen zu trocken? Typisch, immer ich, oder?

_____

Endspurt! So endlich Feierabend! Was ist denn schon wieder im Verkehr los?

_____

Zuhause angekommen! Licht geht nicht, Birne kaputt! Was noch? Regnet, oder?

_____

Auf zum Sport, also eigentlich! Komm nicht mehr vom Sofa hoch. Wer ist schuld?

_____

Wie war mein heutiger Tag in Schulnoten? ○ 6   ○ 5   ○ 5-   ○ 6+   ○ 5+   ○ 6

Mein Tag

Welches Datum haben wir heute? _____

Was war heute direkt am frühen Tag richtig schlecht?

Wer hat heute ein düsteres Gesicht gezogen und bestimmt mich gemeint?

War heute wieder jemand besser gekleidet als ich?

Ein Glück ist nun Mittag! Wo ist das Haar in der Suppe?

Jetzt auch noch das, erst die Hälfte vom Tag rum! Wie lange noch?

Nachmittags 15 Uhr. Kaffee zu heiß? Kuchen zu trocken? Typisch, immer ich, oder?

Endspurt! So endlich Feierabend! Was ist denn schon wieder im Verkehr los?

Zuhause angekommen! Licht geht nicht, Birne kaputt! Was noch? Regnet, oder?

Auf zum Sport, also eigentlich! Komm nicht mehr vom Sofa hoch. Wer ist schuld?

Wie war mein heutiger Tag in Schulnoten? ○ 6   ○ 5   ○ 5-   ○ 6+   ○ 5+   ○ 6

Mein Tag

Welches Datum haben wir heute? _____

Was war heute direkt am frühen Tag richtig schlecht?

_____

Wer hat heute ein düsteres Gesicht gezogen und bestimmt mich gemeint?

_____

War heute wieder jemand besser gekleidet als ich?

_____

Ein Glück ist nun Mittag! Wo ist das Haar in der Suppe?

_____

Jetzt auch noch das, erst die Hälfte vom Tag rum! Wie lange noch?

_____

Nachmittags 15 Uhr. Kaffee zu heiß? Kuchen zu trocken? Typisch, immer ich, oder?

_____

Endspurt! So endlich Feierabend! Was ist denn schon wieder im Verkehr los?

_____

Zuhause angekommen! Licht geht nicht, Birne kaputt! Was noch? Regnet, oder?

_____

Auf zum Sport, also eigentlich! Komm nicht mehr vom Sofa hoch. Wer ist schuld?

_____

Wie war mein heutiger Tag in Schulnoten? ○ 6   ○ 5   ○ 5-   ○ 6+   ○ 5+   ○ 6

Mein Tag

Welches Datum haben wir heute? _____

Was war heute direkt am frühen Tag richtig schlecht?

_____

Wer hat heute ein düsteres Gesicht gezogen und bestimmt mich gemeint?

_____

War heute wieder jemand besser gekleidet als ich?

_____

Ein Glück ist nun Mittag! Wo ist das Haar in der Suppe?

_____

Jetzt auch noch das, erst die Hälfte vom Tag rum! Wie lange noch?

_____

Nachmittags 15 Uhr. Kaffee zu heiß? Kuchen zu trocken? Typisch, immer ich, oder?

_____

Endspurt! So endlich Feierabend! Was ist denn schon wieder im Verkehr los?

_____

Zuhause angekommen! Licht geht nicht, Birne kaputt! Was noch? Regnet, oder?

_____

Auf zum Sport, also eigentlich! Komm nicht mehr vom Sofa hoch. Wer ist schuld?

_____

Wie war mein heutiger Tag in Schulnoten? ○ 6   ○ 5   ○ 5-   ○ 6+   ○ 5+   ○ 6

Mein Tag

Welches Datum haben wir heute? _____

Was war heute direkt am frühen Tag richtig schlecht?

_____

Wer hat heute ein düsteres Gesicht gezogen und bestimmt mich gemeint?

_____

War heute wieder jemand besser gekleidet als ich?

_____

Ein Glück ist nun Mittag! Wo ist das Haar in der Suppe?

_____

Jetzt auch noch das, erst die Hälfte vom Tag rum! Wie lange noch?

_____

Nachmittags 15 Uhr. Kaffee zu heiß? Kuchen zu trocken? Typisch, immer ich, oder?

_____

Endspurt! So endlich Feierabend! Was ist denn schon wieder im Verkehr los?

_____

Zuhause angekommen! Licht geht nicht, Birne kaputt! Was noch? Regnet, oder?

_____

Auf zum Sport, also eigentlich! Komm nicht mehr vom Sofa hoch. Wer ist schuld?

_____

Wie war mein heutiger Tag in Schulnoten? ○ 6   ○ 5   ○ 5-   ○ 6+   ○ 5+   ○ 6

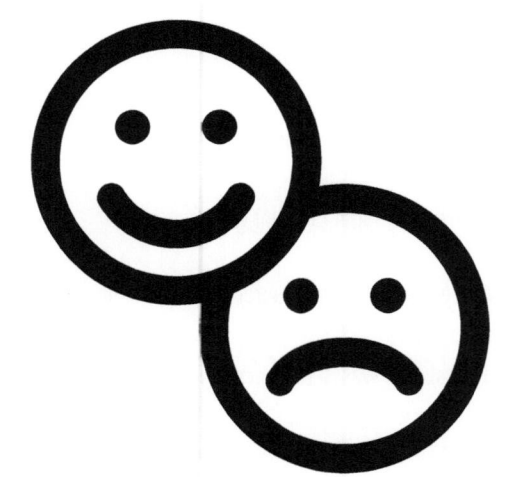

Mein Tag

Welches Datum haben wir heute? _____

Was war heute direkt am frühen Tag richtig schlecht?

_____

Wer hat heute ein düsteres Gesicht gezogen und bestimmt mich gemeint?

_____

War heute wieder jemand besser gekleidet als ich?

_____

Ein Glück ist nun Mittag! Wo ist das Haar in der Suppe?

_____

Jetzt auch noch das, erst die Hälfte vom Tag rum! Wie lange noch?

_____

Nachmittags 15 Uhr. Kaffee zu heiß? Kuchen zu trocken? Typisch, immer ich, oder?

_____

Endspurt! So endlich Feierabend! Was ist denn schon wieder im Verkehr los?

_____

Zuhause angekommen! Licht geht nicht, Birne kaputt! Was noch? Regnet, oder?

_____

Auf zum Sport, also eigentlich! Komm nicht mehr vom Sofa hoch. Wer ist schuld?

_____

Wie war mein heutiger Tag in Schulnoten? ○ 6   ○ 5   ○ 5-   ○ 6+   ○ 5+   ○ 6

Mein Tag

Welches Datum haben wir heute? _____

Was war heute direkt am frühen Tag richtig schlecht?

_____

Wer hat heute ein düsteres Gesicht gezogen und bestimmt mich gemeint?

_____

War heute wieder jemand besser gekleidet als ich?

_____

Ein Glück ist nun Mittag! Wo ist das Haar in der Suppe?

_____

Jetzt auch noch das, erst die Hälfte vom Tag rum! Wie lange noch?

_____

Nachmittags 15 Uhr. Kaffee zu heiß? Kuchen zu trocken? Typisch, immer ich, oder?

_____

Endspurt! So endlich Feierabend! Was ist denn schon wieder im Verkehr los?

_____

Zuhause angekommen! Licht geht nicht, Birne kaputt! Was noch? Regnet, oder?

_____

Auf zum Sport, also eigentlich! Komm nicht mehr vom Sofa hoch. Wer ist schuld?

_____

Wie war mein heutiger Tag in Schulnoten? ○ 6   ○ 5   ○ 5-   ○ 6+   ○ 5+   ○ 6

Mein Tag

Welches Datum haben wir heute? _____

Was war heute direkt am frühen Tag richtig schlecht?

_____

Wer hat heute ein düsteres Gesicht gezogen und bestimmt mich gemeint?

_____

War heute wieder jemand besser gekleidet als ich?

_____

Ein Glück ist nun Mittag! Wo ist das Haar in der Suppe?

_____

Jetzt auch noch das, erst die Hälfte vom Tag rum! Wie lange noch?

_____

Nachmittags 15 Uhr. Kaffee zu heiß? Kuchen zu trocken? Typisch, immer ich, oder?

_____

Endspurt! So endlich Feierabend! Was ist denn schon wieder im Verkehr los?

_____

Zuhause angekommen! Licht geht nicht, Birne kaputt! Was noch? Regnet, oder?

_____

Auf zum Sport, also eigentlich! Komm nicht mehr vom Sofa hoch. Wer ist schuld?

_____

Wie war mein heutiger Tag in Schulnoten? ◯ 6 ◯ 5 ◯ 5- ◯ 6+ ◯ 5+ ◯ 6

Mein Tag

Welches Datum haben wir heute? _____

Was war heute direkt am frühen Tag richtig schlecht?

Wer hat heute ein düsteres Gesicht gezogen und bestimmt mich gemeint?

War heute wieder jemand besser gekleidet als ich?

Ein Glück ist nun Mittag! Wo ist das Haar in der Suppe?

Jetzt auch noch das, erst die Hälfte vom Tag rum! Wie lange noch?

Nachmittags 15 Uhr. Kaffee zu heiß? Kuchen zu trocken? Typisch, immer ich, oder?

Endspurt! So endlich Feierabend! Was ist denn schon wieder im Verkehr los?

Zuhause angekommen! Licht geht nicht, Birne kaputt! Was noch? Regnet, oder?

Auf zum Sport, also eigentlich! Komm nicht mehr vom Sofa hoch. Wer ist schuld?

Wie war mein heutiger Tag in Schulnoten?　○ 6　　○ 5　　○ 5-　　○ 6+　　○ 5+　　○ 6

Mein Tag

Welches Datum haben wir heute? _____

Was war heute direkt am frühen Tag richtig schlecht?

Wer hat heute ein düsteres Gesicht gezogen und bestimmt mich gemeint?

War heute wieder jemand besser gekleidet als ich?

Ein Glück ist nun Mittag! Wo ist das Haar in der Suppe?

Jetzt auch noch das, erst die Hälfte vom Tag rum! Wie lange noch?

Nachmittags 15 Uhr. Kaffee zu heiß? Kuchen zu trocken? Typisch, immer ich, oder?

Endspurt! So endlich Feierabend! Was ist denn schon wieder im Verkehr los?

Zuhause angekommen! Licht geht nicht, Birne kaputt! Was noch? Regnet, oder?

Auf zum Sport, also eigentlich! Komm nicht mehr vom Sofa hoch. Wer ist schuld?

Wie war mein heutiger Tag in Schulnoten? ○ 6   ○ 5   ○ 5-   ○ 6+   ○ 5+   ○ 6

Mein Tag

Welches Datum haben wir heute? _____
Was war heute direkt am frühen Tag richtig schlecht?

Wer hat heute ein düsteres Gesicht gezogen und bestimmt mich gemeint?

War heute wieder jemand besser gekleidet als ich?

Ein Glück ist nun Mittag! Wo ist das Haar in der Suppe?

Jetzt auch noch das, erst die Hälfte vom Tag rum! Wie lange noch?

Nachmittags 15 Uhr. Kaffee zu heiß? Kuchen zu trocken? Typisch, immer ich, oder?

Endspurt! So endlich Feierabend! Was ist denn schon wieder im Verkehr los?

Zuhause angekommen! Licht geht nicht, Birne kaputt! Was noch? Regnet, oder?

Auf zum Sport, also eigentlich! Komm nicht mehr vom Sofa hoch. Wer ist schuld?

Wie war mein heutiger Tag in Schulnoten? ○ 6   ○ 5   ○ 5-   ○ 6+   ○ 5+   ○ 6

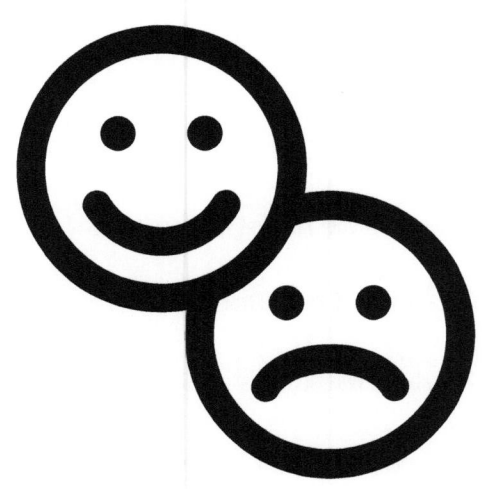

Mein Tag

Welches Datum haben wir heute? _____

Was war heute direkt am frühen Tag richtig schlecht?

_____

Wer hat heute ein düsteres Gesicht gezogen und bestimmt mich gemeint?

_____

War heute wieder jemand besser gekleidet als ich?

_____

Ein Glück ist nun Mittag! Wo ist das Haar in der Suppe?

_____

Jetzt auch noch das, erst die Hälfte vom Tag rum! Wie lange noch?

_____

Nachmittags 15 Uhr. Kaffee zu heiß? Kuchen zu trocken? Typisch, immer ich, oder?

_____

Endspurt! So endlich Feierabend! Was ist denn schon wieder im Verkehr los?

_____

Zuhause angekommen! Licht geht nicht, Birne kaputt! Was noch? Regnet, oder?

_____

Auf zum Sport, also eigentlich! Komm nicht mehr vom Sofa hoch. Wer ist schuld?

_____

Wie war mein heutiger Tag in Schulnoten? ○ 6   ○ 5   ○ 5-   ○ 6+   ○ 5+   ○ 6

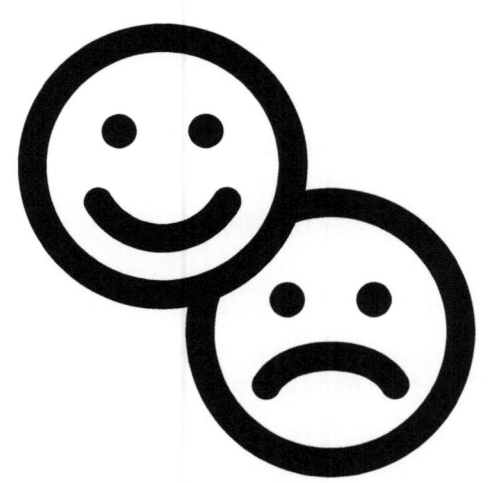

Mein Tag

Welches Datum haben wir heute? _____

Was war heute direkt am frühen Tag richtig schlecht?

Wer hat heute ein düsteres Gesicht gezogen und bestimmt mich gemeint?

War heute wieder jemand besser gekleidet als ich?

Ein Glück ist nun Mittag! Wo ist das Haar in der Suppe?

Jetzt auch noch das, erst die Hälfte vom Tag rum! Wie lange noch?

Nachmittags 15 Uhr. Kaffee zu heiß? Kuchen zu trocken? Typisch, immer ich, oder?

Endspurt! So endlich Feierabend! Was ist denn schon wieder im Verkehr los?

Zuhause angekommen! Licht geht nicht, Birne kaputt! Was noch? Regnet, oder?

Auf zum Sport, also eigentlich! Komm nicht mehr vom Sofa hoch. Wer ist schuld?

Wie war mein heutiger Tag in Schulnoten?   ○ 6   ○ 5   ○ 5-   ○ 6+   ○ 5+   ○ 6

Mein Tag

Welches Datum haben wir heute?

Was war heute direkt am frühen Tag richtig schlecht?

Wer hat heute ein düsteres Gesicht gezogen und bestimmt mich gemeint?

War heute wieder jemand besser gekleidet als ich?

Ein Glück ist nun Mittag! Wo ist das Haar in der Suppe?

Jetzt auch noch das, erst die Hälfte vom Tag rum! Wie lange noch?

Nachmittags 15 Uhr. Kaffee zu heiß? Kuchen zu trocken? Typisch, immer ich, oder?

Endspurt! So endlich Feierabend! Was ist denn schon wieder im Verkehr los?

Zuhause angekommen! Licht geht nicht, Birne kaputt! Was noch? Regnet, oder?

Auf zum Sport, also eigentlich! Komm nicht mehr vom Sofa hoch. Wer ist schuld?

Wie war mein heutiger Tag in Schulnoten? ○ 6   ○ 5   ○ 5-   ○ 6+   ○ 5+   ○ 6

Mein Tag

Welches Datum haben wir heute? _____

Was war heute direkt am frühen Tag richtig schlecht?

_____

Wer hat heute ein düsteres Gesicht gezogen und bestimmt mich gemeint?

_____

War heute wieder jemand besser gekleidet als ich?

_____

Ein Glück ist nun Mittag! Wo ist das Haar in der Suppe?

_____

Jetzt auch noch das, erst die Hälfte vom Tag rum! Wie lange noch?

_____

Nachmittags 15 Uhr. Kaffee zu heiß? Kuchen zu trocken? Typisch, immer ich, oder?

_____

Endspurt! So endlich Feierabend! Was ist denn schon wieder im Verkehr los?

_____

Zuhause angekommen! Licht geht nicht, Birne kaputt! Was noch? Regnet, oder?

_____

Auf zum Sport, also eigentlich! Komm nicht mehr vom Sofa hoch. Wer ist schuld?

_____

Wie war mein heutiger Tag in Schulnoten?   ○ 6   ○ 5   ○ 5-   ○ 6+   ○ 5+   ○ 6

Mein Tag

Welches Datum haben wir heute? _____

Was war heute direkt am frühen Tag richtig schlecht?

_____

Wer hat heute ein düsteres Gesicht gezogen und bestimmt mich gemeint?

_____

War heute wieder jemand besser gekleidet als ich?

_____

Ein Glück ist nun Mittag! Wo ist das Haar in der Suppe?

_____

Jetzt auch noch das, erst die Hälfte vom Tag rum! Wie lange noch?

_____

Nachmittags 15 Uhr. Kaffee zu heiß? Kuchen zu trocken? Typisch, immer ich, oder?

_____

Endspurt! So endlich Feierabend! Was ist denn schon wieder im Verkehr los?

_____

Zuhause angekommen! Licht geht nicht, Birne kaputt! Was noch? Regnet, oder?

_____

Auf zum Sport, also eigentlich! Komm nicht mehr vom Sofa hoch. Wer ist schuld?

_____

Wie war mein heutiger Tag in Schulnoten? ○ 6   ○ 5   ○ 5-   ○ 6+   ○ 5+   ○ 6

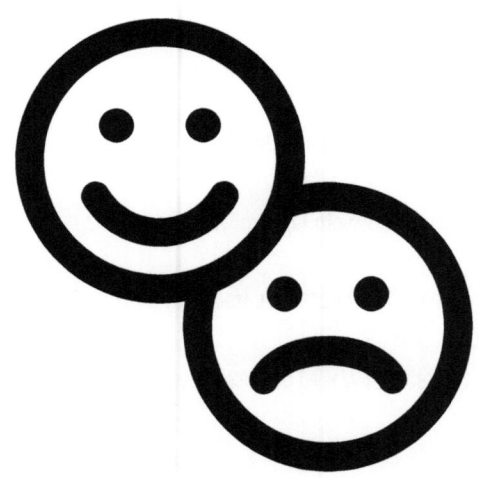

Mein Tag

Welches Datum haben wir heute? _____

Was war heute direkt am frühen Tag richtig schlecht?

Wer hat heute ein düsteres Gesicht gezogen und bestimmt mich gemeint?

War heute wieder jemand besser gekleidet als ich?

Ein Glück ist nun Mittag! Wo ist das Haar in der Suppe?

Jetzt auch noch das, erst die Hälfte vom Tag rum! Wie lange noch?

Nachmittags 15 Uhr. Kaffee zu heiß? Kuchen zu trocken? Typisch, immer ich, oder?

Endspurt! So endlich Feierabend! Was ist denn schon wieder im Verkehr los?

Zuhause angekommen! Licht geht nicht, Birne kaputt! Was noch? Regnet, oder?

Auf zum Sport, also eigentlich! Komm nicht mehr vom Sofa hoch. Wer ist schuld?

Wie war mein heutiger Tag in Schulnoten? ◯ 6   ◯ 5   ◯ 5-   ◯ 6+   ◯ 5+   ◯ 6

Mein Tag

Welches Datum haben wir heute?

Was war heute direkt am frühen Tag richtig schlecht?

Wer hat heute ein düsteres Gesicht gezogen und bestimmt mich gemeint?

War heute wieder jemand besser gekleidet als ich?

Ein Glück ist nun Mittag! Wo ist das Haar in der Suppe?

Jetzt auch noch das, erst die Hälfte vom Tag rum! Wie lange noch?

Nachmittags 15 Uhr. Kaffee zu heiß? Kuchen zu trocken? Typisch, immer ich, oder?

Endspurt! So endlich Feierabend! Was ist denn schon wieder im Verkehr los?

Zuhause angekommen! Licht geht nicht, Birne kaputt! Was noch? Regnet, oder?

Auf zum Sport, also eigentlich! Komm nicht mehr vom Sofa hoch. Wer ist schuld?

Wie war mein heutiger Tag in Schulnoten?   ○ 6   ○ 5   ○ 5-   ○ 6+   ○ 5+   ○ 6

Mein Tag

Welches Datum haben wir heute? _____

Was war heute direkt am frühen Tag richtig schlecht?

Wer hat heute ein düsteres Gesicht gezogen und bestimmt mich gemeint?

War heute wieder jemand besser gekleidet als ich?

Ein Glück ist nun Mittag! Wo ist das Haar in der Suppe?

Jetzt auch noch das, erst die Hälfte vom Tag rum! Wie lange noch?

Nachmittags 15 Uhr. Kaffee zu heiß? Kuchen zu trocken? Typisch, immer ich, oder?

Endspurt! So endlich Feierabend! Was ist denn schon wieder im Verkehr los?

Zuhause angekommen! Licht geht nicht, Birne kaputt! Was noch? Regnet, oder?

Auf zum Sport, also eigentlich! Komm nicht mehr vom Sofa hoch. Wer ist schuld?

Wie war mein heutiger Tag in Schulnoten?　○ 6　○ 5　○ 5-　○ 6+　○ 5+　○ 6

Mein Tag

Welches Datum haben wir heute? _____

Was war heute direkt am frühen Tag richtig schlecht?

_____

Wer hat heute ein düsteres Gesicht gezogen und bestimmt mich gemeint?

_____

War heute wieder jemand besser gekleidet als ich?

_____

Ein Glück ist nun Mittag! Wo ist das Haar in der Suppe?

_____

Jetzt auch noch das, erst die Hälfte vom Tag rum! Wie lange noch?

_____

Nachmittags 15 Uhr. Kaffee zu heiß? Kuchen zu trocken? Typisch, immer ich, oder?

_____

Endspurt! So endlich Feierabend! Was ist denn schon wieder im Verkehr los?

_____

Zuhause angekommen! Licht geht nicht, Birne kaputt! Was noch? Regnet, oder?

_____

Auf zum Sport, also eigentlich! Komm nicht mehr vom Sofa hoch. Wer ist schuld?

_____

Wie war mein heutiger Tag in Schulnoten? ○ 6   ○ 5   ○ 5-   ○ 6+   ○ 5+   ○ 6

Mein Tag

Welches Datum haben wir heute? _____
Was war heute direkt am frühen Tag richtig schlecht?

Wer hat heute ein düsteres Gesicht gezogen und bestimmt mich gemeint?

War heute wieder jemand besser gekleidet als ich?

Ein Glück ist nun Mittag! Wo ist das Haar in der Suppe?

Jetzt auch noch das, erst die Hälfte vom Tag rum! Wie lange noch?

Nachmittags 15 Uhr. Kaffee zu heiß? Kuchen zu trocken? Typisch, immer ich, oder?

Endspurt! So endlich Feierabend! Was ist denn schon wieder im Verkehr los?

Zuhause angekommen! Licht geht nicht, Birne kaputt! Was noch? Regnet, oder?

Auf zum Sport, also eigentlich! Komm nicht mehr vom Sofa hoch. Wer ist schuld?

Wie war mein heutiger Tag in Schulnoten? ○ 6   ○ 5   ○ 5-   ○ 6+   ○ 5+   ○ 6

Mein Tag

Welches Datum haben wir heute? _____

Was war heute direkt am frühen Tag richtig schlecht?

Wer hat heute ein düsteres Gesicht gezogen und bestimmt mich gemeint?

War heute wieder jemand besser gekleidet als ich?

Ein Glück ist nun Mittag! Wo ist das Haar in der Suppe?

Jetzt auch noch das, erst die Hälfte vom Tag rum! Wie lange noch?

Nachmittags 15 Uhr. Kaffee zu heiß? Kuchen zu trocken? Typisch, immer ich, oder?

Endspurt! So endlich Feierabend! Was ist denn schon wieder im Verkehr los?

Zuhause angekommen! Licht geht nicht, Birne kaputt! Was noch? Regnet, oder?

Auf zum Sport, also eigentlich! Komm nicht mehr vom Sofa hoch. Wer ist schuld?

Wie war mein heutiger Tag in Schulnoten? ○ 6   ○ 5   ○ 5-   ○ 6+   ○ 5+   ○ 6

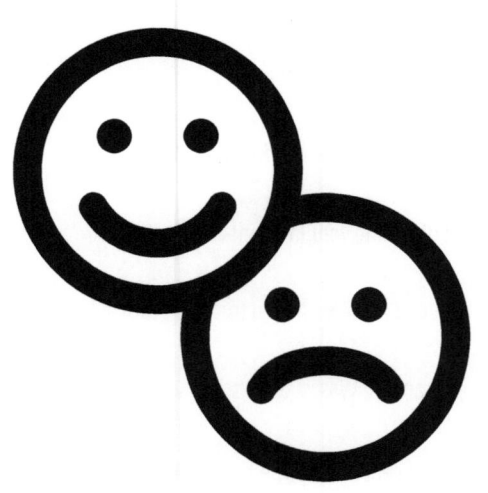

Mein Tag

Welches Datum haben wir heute?

Was war heute direkt am frühen Tag richtig schlecht?

Wer hat heute ein düsteres Gesicht gezogen und bestimmt mich gemeint?

War heute wieder jemand besser gekleidet als ich?

Ein Glück ist nun Mittag! Wo ist das Haar in der Suppe?

Jetzt auch noch das, erst die Hälfte vom Tag rum! Wie lange noch?

Nachmittags 15 Uhr. Kaffee zu heiß? Kuchen zu trocken? Typisch, immer ich, oder?

Endspurt! So endlich Feierabend! Was ist denn schon wieder im Verkehr los?

Zuhause angekommen! Licht geht nicht, Birne kaputt! Was noch? Regnet, oder?

Auf zum Sport, also eigentlich! Komm nicht mehr vom Sofa hoch. Wer ist schuld?

Wie war mein heutiger Tag in Schulnoten? ◯ 6   ◯ 5   ◯ 5-   ◯ 6+   ◯ 5+   ◯ 6

Mein Tag

Welches Datum haben wir heute? _____

Was war heute direkt am frühen Tag richtig schlecht?

Wer hat heute ein düsteres Gesicht gezogen und bestimmt mich gemeint?

War heute wieder jemand besser gekleidet als ich?

Ein Glück ist nun Mittag! Wo ist das Haar in der Suppe?

Jetzt auch noch das, erst die Hälfte vom Tag rum! Wie lange noch?

Nachmittags 15 Uhr. Kaffee zu heiß? Kuchen zu trocken? Typisch, immer ich, oder?

Endspurt! So endlich Feierabend! Was ist denn schon wieder im Verkehr los?

Zuhause angekommen! Licht geht nicht, Birne kaputt! Was noch? Regnet, oder?

Auf zum Sport, also eigentlich! Komm nicht mehr vom Sofa hoch. Wer ist schuld?

Wie war mein heutiger Tag in Schulnoten? ○ 6   ○ 5   ○ 5-   ○ 6+   ○ 5+   ○ 6

Mein Tag

Welches Datum haben wir heute? _____

Was war heute direkt am frühen Tag richtig schlecht?

Wer hat heute ein düsteres Gesicht gezogen und bestimmt mich gemeint?

War heute wieder jemand besser gekleidet als ich?

Ein Glück ist nun Mittag! Wo ist das Haar in der Suppe?

Jetzt auch noch das, erst die Hälfte vom Tag rum! Wie lange noch?

Nachmittags 15 Uhr. Kaffee zu heiß? Kuchen zu trocken? Typisch, immer ich, oder?

Endspurt! So endlich Feierabend! Was ist denn schon wieder im Verkehr los?

Zuhause angekommen! Licht geht nicht, Birne kaputt! Was noch? Regnet, oder?

Auf zum Sport, also eigentlich! Komm nicht mehr vom Sofa hoch. Wer ist schuld?

Wie war mein heutiger Tag in Schulnoten?   ○ 6   ○ 5   ○ 5-   ○ 6+   ○ 5+   ○ 6

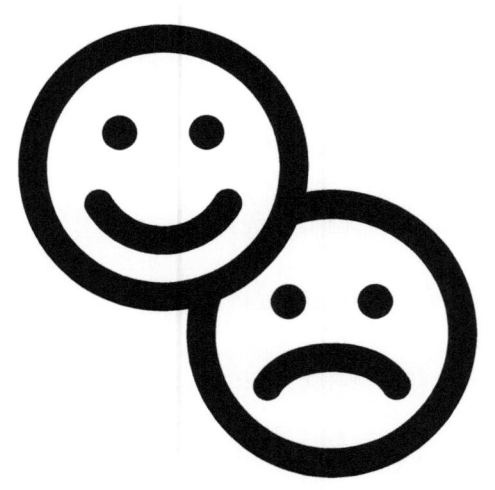

Mein Tag

Welches Datum haben wir heute? —————————————

Was war heute direkt am frühen Tag richtig schlecht?

Wer hat heute ein düsteres Gesicht gezogen und bestimmt mich gemeint?

War heute wieder jemand besser gekleidet als ich?

Ein Glück ist nun Mittag! Wo ist das Haar in der Suppe?

Jetzt auch noch das, erst die Hälfte vom Tag rum! Wie lange noch?

Nachmittags 15 Uhr. Kaffee zu heiß? Kuchen zu trocken? Typisch, immer ich, oder?

Endspurt! So endlich Feierabend! Was ist denn schon wieder im Verkehr los?

Zuhause angekommen! Licht geht nicht, Birne kaputt! Was noch? Regnet, oder?

Auf zum Sport, also eigentlich! Komm nicht mehr vom Sofa hoch. Wer ist schuld?

Wie war mein heutiger Tag in Schulnoten? ○ 6   ○ 5   ○ 5-   ○ 6+   ○ 5+   ○ 6

Mein Tag

Welches Datum haben wir heute? _____

Was war heute direkt am frühen Tag richtig schlecht?

_____

Wer hat heute ein düsteres Gesicht gezogen und bestimmt mich gemeint?

_____

War heute wieder jemand besser gekleidet als ich?

_____

Ein Glück ist nun Mittag! Wo ist das Haar in der Suppe?

_____

Jetzt auch noch das, erst die Hälfte vom Tag rum! Wie lange noch?

_____

Nachmittags 15 Uhr. Kaffee zu heiß? Kuchen zu trocken? Typisch, immer ich, oder?

_____

Endspurt! So endlich Feierabend! Was ist denn schon wieder im Verkehr los?

_____

Zuhause angekommen! Licht geht nicht, Birne kaputt! Was noch? Regnet, oder?

_____

Auf zum Sport, also eigentlich! Komm nicht mehr vom Sofa hoch. Wer ist schuld?

_____

Wie war mein heutiger Tag in Schulnoten? ○ 6   ○ 5   ○ 5-   ○ 6+   ○ 5+   ○ 6

Mein Tag

Welches Datum haben wir heute? _____

Was war heute direkt am frühen Tag richtig schlecht?

Wer hat heute ein düsteres Gesicht gezogen und bestimmt mich gemeint?

War heute wieder jemand besser gekleidet als ich?

Ein Glück ist nun Mittag! Wo ist das Haar in der Suppe?

Jetzt auch noch das, erst die Hälfte vom Tag rum! Wie lange noch?

Nachmittags 15 Uhr. Kaffee zu heiß? Kuchen zu trocken? Typisch, immer ich, oder?

Endspurt! So endlich Feierabend! Was ist denn schon wieder im Verkehr los?

Zuhause angekommen! Licht geht nicht, Birne kaputt! Was noch? Regnet, oder?

Auf zum Sport, also eigentlich! Komm nicht mehr vom Sofa hoch. Wer ist schuld?

Wie war mein heutiger Tag in Schulnoten? ○ 6   ○ 5   ○ 5-   ○ 6+   ○ 5+   ○ 6